Anno dazumal am Niederrhein

CIP-Kurztitelaufnahme der Deutschen Bibliothek

Anno dazumal am Niederrhein : e. Reise- u.
Erinnerungsbuch in vielen alten Bildern
Ferdinand Oppenberg. — Moers : Steiger, 1980.
    ISBN 3-921564-37-9

NE: Oppenberg, Ferdinand (Hrsg.)

© August Steiger Verlag, 4130 Moers, Steinstraße 15
Einbandentwurf: Heinz Rausch
Die Fotos stammen aus den Archiven des Hofbuchhändlers
Wilhelm Steiger und des Hoffotografen Ewald Steiger.
Herr Joseph Seidel in Moers öffnete sein reiches Bildarchiv
und trug wesentlich zur Gestaltung dieses Buches bei,
wofür ihm Autor und Verlag herzlich danken.
Reproduktionen: Repro-Technik, Geldern
Druck und Einband: Hain-Druck KG, Meisenheim/Glan
ISBN 3-921564-37-9

Ferdinand Oppenberg

Anno dazumal am Niederrhein

Steiger

Anno dazumal - am Niederrhein

Wer den Niederrhein anno dazumal, in den ersten Jahrzehnten dieses Jahrhunderts, gekannt hat, der weiß, wie vieles sich seitdem in dieser Landschaft verändert hat. Es sind nicht allein und nur die infernalischen Zerstörungen, die der letzte Krieg in unseren Städten und Dörfern angerichtet hat, es ist nicht nur der Verlust unersetzbarer Kulturwerte, architektonisch wertvoller Bauten und Kunstwerke, es sind auch die großen Veränderungen, die durch die Eingriffe der Technik und Zivilisation, durch den sogenannten Fortschritt, in der freien Landschaft entstanden sind. Industrieanlagen, Straßen- und Städtebau haben seit dem Beginn der Industrialisierung im 19. Jahrhundert und besonders gravierend seit der allgemeinen Motorisierung die alte geschichtsträchtige Kulturlandschaft des Niederrheins verändert, selten zu ihrem Vorteil. Die Verschmutzung und Vergiftung unserer Luft, besonders stark in den industriellen Ballungsräumen ebenso wie die Verseuchung unserer Gewässer, von Strom, Flüssen, Bächen und Seen, fügen der Landschaft des Niederrheins fortdauernd schwere Schäden zu. Der immer größer werdende Verlust wertvoller Feuchtgebiete, die übermäßig betriebenen Meliorationen, die Begradigungen vieler Bäche und Flüsse, um nur einiges zu nennen, die Zerstörung ganzer Ökosysteme haben dazu geführt, immer mehr Pflanzen und Tiere aussterben zu lassen, weil ihnen der Lebensraum, ihre Nahrung und Zuflucht genommen wurde.

Früher einmal, noch anno dazumal, vor einem halben Jahrhundert, klapperten die Weißstörche auf manchem Hausdach, gab es zahlreiche Reiherkolonien, war der Niederrhein Brutgebiet für den Kormoran, war in manchen Gewässern noch der Fischotter heimisch. Damals umfaßte der Reichswald bei Kleve noch 7000 Hektar Mischwald. Er verlor nach dem letzten Krieg 2000 Hektar an die Siedlungen Reichswalde und Nierswalde.

Die Liste der Pflanzen und Tiere, die wir verdrängten, zum Rückzug oder zum Aussterben zwangen, ist lang. Und noch ist diese negative Entwicklung nicht beendet, wenn auch nicht verkannt werden kann, daß sich die Proteste der Naturschützer im Lande mehren, die dem Ausverkauf der niederrheinischen Landschaft entgegentreten. Gewiß geschieht manches, das Unheil abzuwenden, das nicht nur die Flora und Fauna, sondern auch den Menschen trifft. Es ist deshalb jedermanns Aufgabe, den Rest unseres einst schöner gewesenen Niederrheins zu erhalten und zu verbessern. Zur Abkehr von unserem rein materialistischen Denken und Handeln ist es nicht zu spät.

Damals - auch damals lebten die Menschen nicht in einem Paradies, aber in vielem war die Umwelt heiler als heute. Nicht alles war besser; denn Technik und Zivilisation haben dem arbeitenden und wirtschaftenden Menschen viele Erleichterungen und Vorteile gebracht. Kritisch, doch unvoreingenommen vergleichen wir deshalb das damals mit dem heute.

Damals ging der Bauer, den man heute Landwirt nennt, hinter dem von schweren Kaltblutpferden gezogenen Pflug, fuhr mit dem hohen zweirädrigen Karren auf schmalen Feldwegen, schnitt mit der Sense das Gras und Getreide. Der Trecker hat das Arbeitspferd abgelöst und der Mähdrescher schneidet in einem Arbeitsgang die Getreidehalme und drischt zugleich die Körner aus den Ähren. Wind - und Wassermühlen, jahrhundertelang die Kraftwerke und Energieträger für das Mahlen des Getreides und die Gewinnung von Öl, für den Antrieb von Schmieden und Hammerwerken, sind heute nur noch Zeugen ehemaliger Techniken. Die Segelschiffe auf Strom und Flüssen wurden von Rad- und Schraubendampfer, von Schleppboot und Schubschiff abgelöst. Selten geworden ist der einst blühende Fischfang im Rhein und in den Flüssen, denn in den mit Abwässern und Giften beladenen Gewässern ist das organische Leben von Pflanze und Tier so stark dezimiert, daß nur noch wenige Fische darin leben können. Auch manches ehemals blühende Handwerk ist heute kaum noch existent. Damals gab es noch den Holzschuhmacher, den Korbflechter und Besenbinder (in Schottheide im damaligen Heidegebiet lebten die Einwohner noch vor 100 Jahren vornehmlich vom Besenbinden), den Wind- und Wassermüller, den Huf- und Wagenschmied. Damals genügten unsere alten Landstraßen und Schienenwege für den Transport von Mensch und Ware. Die Motorisierung, das Auto für jedermann machte den Bau eines immer dichter werdenden Netzes neuer Straßen und Autobahnen nötig.

Ja, damals - vieles ließe sich noch nennen und vergleichen, um die Vergangenheit mit der Gegenwart zu verbinden und die Erinnerungen lebendig werden zu lassen. Wir, die wir heute die niederrheinische Landschaft durchwandern und durchfahren, sollten uns der Vergangenheit stets bewußt sein, sollten uns freuen über all das was uns heute noch an frühere Zeiten erinnert.

Die Fotos dieses Buches wollen uns dabei helfen; sie zeigen uns Bilder aus der Vergangenheit: Landschaften mit Wäldern, Gehölzen, Feldern und Weiden, mit Dörfern und Städten, Kirchen, Kapellen und Burgen, zeigen uns den Strom und die Flüsse, Altwasser, Kuhlen und Seen, aber auch den Menschen, der damals so wie heute die niederrheinische Landschaft geformt und gestaltet hat und immer wieder verändert.

Diese Bilder wecken Erinnerungen an Zeiten, die viele von uns noch erlebt haben und zeigen der jungen Generation, was zum Teil verlorenging und was sich verändert hat. Diese Bilder von anno dazumal, die in den zwanziger bis dreißiger Jahren dieses Jahrhunderts entstanden sind, mögen aber auch Ansporn sein, die jetzt noch vorhandenen Schönheiten und Besonderheiten unserer niederrheinischen Heimat zu erhalten und zu pflegen für uns und für die Generationen, die nach uns hier leben werden.

Hochwasser am Niederrhein anno dazumal wie auch heute noch.

Segelschiff und Kahn, damals ein alltägliches Bild auf dem Rhein. Am Horizont der Eltenberg.

Der Rhein, in seinem unteren Lauf Niederrhein genannt, hat der ganzen Landschaft seinen Namen gegeben. Breit und gemächlich strömt er der Nordsee zu. Als großer Mitgestalter der Landschaft ist er von altersher auch der Wasserlieferant und Lastträger im Dienste des Menschen. Seine Hochwasserfluten brachten früher Furcht und Not über die Uferleute. Seit seine Ungebärde durch Dämme und Deiche gebannt ist, hat er seine Schrecken verloren. Vom einfachen Floß und Einbaum des Menschen der Steinzeit über das Ruder-, Segel- und Dampfschiff bis zum modernen Schubschiff geht die technische Entwicklung der Schiffahrt auf dem Rhein.

Die Epoche der Dampfschiffahrt auf dem Rhein begann 1816 mit dem Raddampfer "Prinz von Oranien", der von Rotterdam bis Köln fuhr; sie endete in den sechziger Jahren dieses Jahrhunderts. – So wie die Dampfschiffe ausgedient haben, so werden auch die Netze der Fischer auf dem Niederrhein kaum noch zum Fang ausgeworfen, da durch starke Verschmutzung des Flusses der einstige Reichtum an Fischen stark dezimiert worden ist.

Der Rhein bei Duisburg mit Hafenmund.

Der niederrheinische Mensch
hat in einer Jahrtausende währenden Arbeit die Landschaft des Niederrheins mitgeformt in mühevoller schöpferischer Arbeit. Es gibt in dieser Landschaft kaum einen Quadratkilometer Fläche, der nicht vom wirtschaftenden Menschen gestaltet worden ist. Selbst den mächtigen Strom hat er in sein heutiges Bett gezwängt und ihn in Dienst genommen. Menschen aller Berufe haben ihren Anteil an der Gestaltung der Landschaft. Mancher ehemals wichtige Beruf ist heute durch die technische Entwicklung kaum noch existent, so der Holzschuhmacher, der Besenbinder, der Korbflechter und der Fischer. Geblieben aber ist der Bauer, der heute allerdings nicht mehr wie anno dazumal mit dem schweren Ackergaul als Zugkraft arbeitet, sondern den Trecker, die Zugmaschine, die Sämaschine und den vollautomatischen Mähdrescher benutzt.

An die Stelle der mit Wasser- und Windkraft getriebenen Mühlen, Hammerwerke und Schmieden ist die Großindustrie getreten mit ihren Kupfer-, Stahl- und Hüttenwerken, mit chemischen und stromerzeugenden Großbetrieben.

Aber heute noch wie schon vor Jahrhunderten gibt es trotz der Großläden und Supermärkte in den Städten überall noch die kleinen intimen Wochenmärkte mit ihren Ständen für Blumen, Obst und Gemüse, Brot und Kuchen, Fleisch und Wurst, Milch, Käse und Eier, gibt es noch die gemütvolle Ansprache der Käufer und den netten Plausch mit der properen Marktfrau und dem laut seine Ware anpreisenden Händler, gibt es noch Pferde- und Viehmärkte, den Ferkelmarkt wöchentlich mittwochs in Sonsbeck zum Beispiel. Er ist der größte Markt seiner Art im Land Nordrhein-Westfalen und einer der führenden Märkte in der Bundesrepublik Deutschland. Sonsbeck bekam 1320 von Graf Dietrich von Kleve Stadtrechte und erhielt 1431 das Marktrecht hinzu. Marktrechte waren früher Privilegien, die von den Herrschern verliehen wurden. Noch immer gibt es manch altes Brauchtum in Stadt und Land: das Schützenfest, die Kirmes, den Karneval, die St. Martinszüge der Kinder, das Osterfeuer auf dem Feld, die Erntefeste, die Pumpennachbarschaften, die Reitturniere, die Radschläger in Düsseldorf.

Der alte und ... der junge Bauer im Gelderland.

Heuernte mit Pferd und zweirädrigem Wagen in Rheurdt.

Töpfer an der Drehscheibe in Sevelen.

Konverterbühne im Stahlwerk der Friedrich-Alfred-Hütte in Rheinhausen.

Klompenmaker (Holzschuhmacher) in Aldekerk. Die Pappel lieferte vornehmlich das geeignete Material für die Holzschuhe.

Porträt eines niederrheinischen Handwerkers.

Wochenmarkt vor der Friedenskirche in Krefeld.

Wochenmarkt auf dem Burgplatz in Duisburg - gestern so wie heute.

Düsseldorfer Marktfrauen anno dazumal.

Auf dem Pferdemarkt wurde damals vornehmlich der Handel mit dem schweren Kaltblutpferd als Zugtier getrieben. An seine Stelle ist heute das Pferd als Reittier getreten.

Düsseldorfer Radschläger
Wie anno dazumal sind auch heute noch die Radschläger ein Charakteristikum der Landeshauptstadt Düsseldorf. Der Brauch des Radschlagens, von Jugendlichen ausgeübt, ist vermutlich um die Jahrhundertwende aufgekommen. Vielleicht hat damals ein findiger "Gassenjunge" spontan den Einfall gehabt, sich durch sein turnerisches Kunststückchen einen Obolus zu verdienen: "Här, eene Grosche! Soll ech ens radschlage?"
Die Düsseldorfer haben den Radschlägern am alten Schloßturm 1954 ein Brunnendenkmal errichtet. Unter den Radschlägerfiguren steht auf dem steinernen Brunnenrand: "Wie jeck et de Minschen och driewe - Radschläger wolle mir bliewe."

Muschelessen in einer Düsseldorfer Altstadtkneipe.   Der Köbes, der Kellner in blauem Sweater serviert die Spezialität: frische Seemuscheln.

Die Düsseldorfer Altstadt
ist weit über die Landeshauptstadt hinaus bekannt wegen ihrer zahlreichen intimen, gemütlichen und urbanen Kneipen und Lokale, wo es neben dem "Düssel", dem spezialgebrauten Altbier, manche zünftige Spezialität gab und noch gibt, etwa einfache Blutwurst mit Zwiebeln und dem scharfen Düsseldorfer Mostert, Eisbein mit Sauerkraut oder Reibekuchen (Kartoffelpuffer), die der Düsseldorfer "Riefkooke" nennt. Muscheln werden scharf gewürzt mit Pfeffer und Zwiebeln serviert. Wer "ne halwe Hahn" bestellt, bekommt natürlich keinen halben Hahn vom Grill, sondern einen Mainzer Käse, der mit Röggelchen, einer Art Brötchen, mit Mostert und Kümmel gegessen wird. In diesen Altstadtkneipen kennt man keine sozialen oder gesellschaftlichen Unterschiede oder Privilegien. Hier sitzt der Studiker neben dem Arbeiter, der Künstler neben der Modistin oder Sekretärin. Auch das hat die Düsseldorfer Altstadt bekannt, berühmt und beliebt gemacht.

Schützenfest in Willich.

Erntebrauch im Düsseldorfer Land.

Kleve auf dem Kliff über dem Kermisdal (einem alten Rheinarm) mit der Schwanenburg, dem Stammsitz der Grafen und Herzöge von Kleve und Schauplatz der Lohengrinsage. Der Schwan der Wetterfahne auf dem Turm der Burg erinnert an den sagenumwobenen Gralsritter. Die noch heute gepflegten Parkanlagen der Stadt wurden unter Fürst Johann Moritz von Nassau-Siegen, dem Statthalter des Großen Kurfürsten Friedrich Wilhelm angelegt. Kleve ist über den Spoy-Kanal, einem der ältesten westdeutschen Kanäle, und über den Altrhein mit dem Rheinstrom verbunden. Die Stadt ist wirtschaftlicher und kultureller Mittelpunkt des Kreises Kleve, ist wie früher schon so auch heute noch die Brücke zum niederländischen Nachbarn. Im Westen und Südwesten der Stadt dehnt sich das größte zusammenhängende Waldgebiet des Niederrheins aus, der 5.000 Hektar umfassende Reichswald.

Kleve - Kleiner Markt mit dem Denkmal des Großen
Kurfürsten Friedrich Wilhelm.

Kranenburg mit Resten der alten Stadtmauer,
Grenzstadt am Reichswald und alter Wallfahrtsort
seit 1308.

Blick auf den Reichswald bei Materborn. Der früher 7.000 Hektar große Reichswald verlor nach dem letzten Krieg durch Rodung 2.000 Hektar an die Siedlungen Reichswalde und Nierswalde.

Die Niers bei Goch.

Vorburg und Hauptportal von Schloß Haag an der Niers bei Geldern.

Das Steintor in Goch, Rest der ehemaligen Stadtbefestigung, mit zeitgeschichtlichem Museum, mit Ausstellungen, Sammlungen und Funden.

Das Hungertuch vor dem großen Barockaltar im Mittelschiff der Pfarrkirche St. Maria in Marienbaum, dem ältesten Wallfahrtsort des Niederrheins. Hungertücher sind Werke der christlichen Volkskunst. Sie werden vom Beginn der Fastenzeit bis zum Mittwoch der Karwoche vor den Altären aufgehängt, um sinnbildlich darzutun, daß die Gottheit Christi während seiner Leidenszeit auf Erden verhüllt war. Das Marienbaumer Hungertuch, eine Filetarbeit, entstand um 1650, kurz nach dem Dreißigjährigen Krieg.

Blick auf Marienbaum mit der an Kunstschätzen reichen 500jährigen Wallfahrtskirche St. Maria.

Das niederrheinische Land ist eine "viel zu lang von den deutschen Reisenden vernachlässigte künstlerische Sonderprovinz", schrieb 1922 der Kunsthistoriker Paul Clemen. Diese Feststellung hatte 196... Willi Dittgen (Dinslaken) veranlaßt, einen Führer zu den Kulturstätten und Kunstschätzen des unteren Niederrheins herauszugeben. Er vermittelt einen Überblick über den tatsächlichen Reichtum an Kunstwerken der niederrheinischen Landschaft. Aus diesem vielfältigen Reichtum sind hier nur einige wenige Werke vorgestellt, die allerdings zu den Meisterwerken der Kunst gehören.

Die Auferstehung des Lazarus auf dem Flügel des Hochaltars in der St. Nikolaikirche in Kalkar von Jan Joest. Das Bild zeigt im Hintergrund den Marktplatz von Kalkar um 1500.

Der Trauernde, Bronzeplastik von Wilhelm Lehmbruck (1884-1919), stand damals auf dem Ehrenfriedhof in Duisburg, befindet sich jetzt im Wilhelm-Lehmbruck-Museum, Duisburg.

Die Knieende, Bronzeplastik von Wilhelm Lehmbruck stand damals im Tonhallengarten am König-Heinrich-Platz in Duisburg, heute vor dem Wilhelm-Lehmbruck-Museum der Stadt.

Maria Magdalena aus dem Dreifaltigkeitsaltar von Heinrich Douvermann in der St. Nikolaikirche in Kalkar.

Raufende Schergen, Teilstück aus dem Hochaltar in der St. Nikolaikirche in Kalkar. Der Altar wurde 1498-1500 von Meister Loedewich geschnitzt unter Mitarbeit von Peter Rysermann, Derik Jaeger und Jan van Haldern.

Im Hochwald - Forst Xanten - zwischen Marienbaum und Sonsbeck.

Der Marktplatz in Geldern. Die Stadt war bis 1974 Sitz der Verwaltung des gleichnamigen Kreises und ehemals Hauptstadt des Herzogtums mit einer wechselvollen geschichtlichen Vergangenheit.

Schloß Hertefeld in Weeze auf dem Ostufer der Niers aus dem 18. Jahrhundert wurde während des letzten Krieges fast ganz zerstört.

Xanten - Mittelpunkt der Stadt ist der Dom mit den Gebeinen der heiligen Märtyrer Viktor und Mallosus in der Krypta. Auf die alte Geschichte der Stadt verweist der archäologische Park, der in der Gegenwart auf dem Gelände der einst 83 Hektar großen Stadt Colonia Trajana im Norden des römischen Weltreiches entsteht. Über dem Grab der Heiligen, das Prof. Dr. Walter Bader 1933 bei Grabungen freilegte, wurde etwa 30 Jahre nach dem Tode der Märtyrer (etwa 161-63) die erste Memoria errichtet. Aus dieser Grabkapelle entstand nach dreihundertjähriger Bauzeit der heutige Dom und die mittelalterliche befestigte Stadt Xanten, deren Name sich aus ad sanctos=zu den Heiligen gebildet hat. Stadt und Dom sind im letzten Krieg stark zerstört und danach wieder aufgebaut worden. So bietet Xanten auch heute noch zum Teil das Bild einer mittelalterlichen Stadt.

Das 1646 für die von der Gravinsel bei Wesel vertriebenen Kartäusermönche erbaute Kloster dient heute als Berufsschule.

Das Klever Tor in Xanten, erbaut 1393, ist das einzige Doppeltor am Niederrhein.

Der St. Viktor-Dom in Xanten wurde im letzten Krieg stark beschädigt und wieder aufgebaut. Er birgt neben den Gebeinen der Heiligen Viktor und Mallosus wertvolle Kunstschätze.

Haus Leucht, ehemals Lehranstalt für Geflügelzucht des Kreises Moers auf dem Höhenzug der Bönninghardt.

In der Nähe von Kapellen liegt die Wasserburg Lauersfort aus dem 15. Jahrhundert mit zwei quadratischen Ecktürmen. Im Aubruch wurden 1858 die Lauersforter Phaleare - in Silber geprägte römische Auszeichnungen für Krieger - gefunden. Der Besitzer schenkte sie dem damaligen König von Preußen und nachmaligen Deutschen Kaiser Wilhelm I., der sie einem Berliner Museum übergab.

Sonsbeck war ehemals ein befestigter Platz. Die Geschichte des Ortes reicht bis in die Römerzeit zurück. An einer Heerstraße gelegen, befand sich hier ein Standquartier. Im Mittelalter war Sonsbeck von starken Mauern mit 8 Türmen umwehrt. Wälle und Gräben sowie ein Schloß schützten den Ort. Während des Dreißigjährigen Krieges im Jahre 1641 wurde das Schloß und 1702 Dreiviertel des Ortes zerstört. Aus dieser früheren Zeit ist nur noch wenig erhalten, u. a. die Gerbernuskapelle (erbaut um 1190). Die alte Dorflinde auf dem Foto soll nach dem Protocollum civitatis Sonsbecenensis am 2. Dezember 1693 gepflanzt worden sein. Sie ist am 2. August 1949 von einem Sturm geworfen worden.

Der alte Herrensitz Haus Eyll bei Kamp.

Der schwarze Turm (Zoll- und Pulverturm) in Rheinberg, ein altes Wahrzeichen der Stadt, war einst 25 Meter hoch und hatte einen Umfang von 52 Metern, seine Mauern waren 4 Meter dick. Erbaut wurde er um 1292-97 unter Erzbischof Siegfried von Westerburg. Er stammt aus der Zeit, als Rheinberg noch direkt am Rhein lag und eine stark befestigte Stadt war, der nördliche Eckpfeiler des Erzbistums Köln. Als Wächter für die Rheinschiffahrt diente der Turm zeitweilig auch zur Aufbewahrung von Pulver, das am 14. Oktober 1598 explodierte und den Turm in Stücke riß. Das in der Nähe gelegene und mit dem Turm verbundene erzbischöfliche Schloß wurde dabei so stark beschädigt, daß es abgebrochen werden mußte. Der Turm, wieder aufgebaut, wurde 1636 erneut, diesmal durch einen Blitzschlag, stark beschädigt. Den Rest ließen Anfang des 18. Jahrhunderts die Preußen schleifen.

Kloster Kamp auf dem Kamper Berg, der zu den eiszeitlichen Stauchmoränen der Inselberge gehört, ist für den Niederrhein und darüber hinaus von großer landeskultureller Bedeutung gewesen. Von den ehemaligen weiträumigen Anlagen des Klosters der Zisterzienser ist nur noch die Kirche erhalten. Der Kölner Erzbischof Friedrich I. schenkte 1122 12 Mönchen aus dem französischen Kloster der Zisterzienser in Morimund die Ortschaft Altfeld mit Wäldern, Äckern, Wiesen, Wassern und Mooren. Auf diesem Besitz gründeten sie das erste Zisterzienserkloster in Deutschland, aus dem in der Folgezeit 74 weitere Klostergründungen hervorgingen. Für die Landwirtschaft und den Gartenbau haben die Mönche Bedeutendes geleistet. Mit Hilfe von Laienbrüdern und Ansiedlern gründeten sie neue Ortschaften: Kamperbruch, Lintfort, Saalhof und Bruck. Am Südhang des Kamper Berges legten die Mönche sogar einen Weinberg an. Über die Qualität der auf niederrheinischem Boden gewachsenen Trauben und des aus ihnen gekelterten Weines schrieb damals ein Chronist: Der Kamper Most trage nicht zur Lust des Mahles bei, Kamper Wein macht nach Tisch nur Pein.

Nach vielen Drangsalen und Nöten, die das Kloster im Lauf der Geschichte zu bestehen hatte, wurde es 1802 unter der Herrschaft Napoleons aufgelöst. Von seinen Gebäuden blieb nur die 1410 errichtete und später umgebaute Kirche mit barocker Turmhaube erhalten.

Die Niers bei Wachtendonk

Der kleine Fluß entspringt bei Kuckum östlich von Erkelenz und durchfließt wie der Rhein die niederrheinische Ebene in Süd-Nord-Richtung. Wegen des geringen Gefälles bildete sie früher starke Mäander. In Zeiten des Hochwassers stieg der Fluß oft über seine niedrigen Ufer, so daß es zu Versumpfungen kam. Deshalb wurden der Flußlauf begradigt und die Ufer erhöht. Die Niers gleicht heute in ihrem kerzengeraden Lauf streckenweise einem Kanal. Vor den Höhen des Reichswaldes wendet sie sich nach Westen und mündet auf niederländischem Gebiet bei Gennep in die Maas. An ihren Ufern haben sich Herrensitze und Burgen, Wassermühlen, Dörfer und Städte angesiedelt, so auch Wachtendonk, eine alte Feste, die im letzten Krieg fast keine Schäden hinnehmen mußte.

Bild rechts oben:

Alpen liegt am Fuß des Moränen-Höhenzuges der Bönninghardt in einer Landschaft, die noch weitgehend von Industrien unberührt geblieben ist. Die nahen Wälder der Bönninghardt, der Leucht und des Latzenbusches bieten viele Möglichkeiten der Erholung für Spaziergänger und Wanderer. Zur Gemeinde Alpen gehören auch die Orte Menzelen und Veen.

Die "Burg" genannte, nach dem Ersten Weltkrieg gebaute Jugendherberge auf der Höhe oberhalb von Alpen ist bei einer Zivilschutzübung gesprengt worden, nachdem sie seit 1965 nicht mehr benutzt wurde.

Im Jungbornpark des Lehmpastors Felke in Repelen

In seinem 1923 erschienenen "Niederrheinischen Wanderbuch", das der damals weithin bekannte Pädagoge, Naturschützer und Heimatforscher Hugo Otto (1875-1949) im Verlag August Steiger, Moers, herausgegeben hat, schreibt er:
"Repelen war bis vor wenigen Jahren ein völlig unbekanntes Kirchdorf. Plötzlich brachen für diesen Ort bessere Tage an, und der wirtschaftliche Umschwung, der durch sie bewirkt wurde, knüpft sich an den Namen des Pastors Emanuel Felke, der durch sein Heilverfahren viele Fremde nach Repelen zog.
Durch die Umwandlung der Gehölze und Besitzungen zwischen der Landstraße und dem Moersbach zu einem Park gewann das Dorf Repelen sehr an Naturschönheit. Unter möglichster Schonung des alten Baumbestandes, der sich im wesentlichen aus Eichen und Birken zusammensetzt, ist hier durch kundige Gärtnerhand in dem etwa 50 Morgen großen Jungbornpark eine sehr beachtenswerte Grünanlage geschaffen worden. Schattige Wege schlängeln sich durch den Park, führen am Wasser der Moerse entlang und gewähren an der Ostseite eine schöne Fernsicht über die fruchtbaren Felder nach Bornheim und Utfort..."
Wer war der Lehmpastor Felke, durch dessen Wirken nach der Darstellung von Hugo Otto ein wirtschaftlicher Aufschwung von Repelen eingetreten war?
Erdmann Leopold Emanuel Felke, am 7.2.1856 in Kläden bei Stendal geboren, wurde evangelischer Pastor und interessierte sich schon als junger Student für Naturheilverfahren. Auf der Universität Berlin galten seine Interessen mehr der Medizin und Naturkunde als der Theologie. Dennoch wurde er Pastor und kam als junger Geistlicher nach Kranenberg bei Elberfeld. Schon dort begann er mit der Beratung und Betreuung von Kranken. Als er bei einer Diphtherie-Epidemie mit seinen naturheilkundlichen Ratschlägen gute Erfolge hatte, gründete die Gemeinde Repelen einen "Jungborn" und übertrug die Betreuung dem Pastor Felke. 1913 legte er sein Pfarramt nieder, um sich nur noch seinen Kranken widmen zu können, die in ständig steigender Zahl zu ihm kamen. Als Mensch von großer Bescheidenheit, Opferbereitschaft und Güte gewann er durch seine praktischen Erfolge das Vertrauen aller sozialen und gesellschaftlichen Kreise. Bedürftigen Kranken zahlte er die Heilmittel und oft auch das Fahrgeld. In Felkes Heilmethode wurden Umschläge und Wickel mit Lehm besonders oft angewandt, was ihm die Bezeichnung "Lehmpastor" eintrug. 1915 verließ Felke Repelen und siedelte sich in Sobernheim/Nahe an. Dort lebte und wirkte er bis zu seinem Tode im Jahre 1926. Er starb, in seinem Leben oft böswillig und kränkend angefeindet, arm und mittellos, weil er seine Lebensaufgabe einzig und allein darin gesehen hatte, seinen Mitmenschen zu helfen. Sobernheim ist heute noch Felkeheilbad.

Kapelle bei Tönisberg.

Kuhlenlandschaft in der Littard bei Rheurdt.

Segelregatta im Orsoyer Hafen

Orsoy, die kleine schmucke Stadt am Strom, bewahrt noch, besonders in ihren alten, heute mit Linden bestandenen Befestigungswällen, manche sichtbaren Erinnerungen an ihre geschichtliche Vergangenheit. Als ehemalige Klever Festung hat sie unter den mannigfaltigen Wirren und Drangsalen von Kriegen oft leiden müssen. Kaiser Ludwig von Bayern bestätigte 1347 ihre Stadtrechte. 1672 wurde sie von den Franzosen unter Ludwig XIV. erobert, geplündert und zerstört. Teile der Stadtmauer mit Pulver- und Mühlenturm dienen heute nur noch als Zeugen der Vergangenheit. Als Stützpunkt und Zollstätte war Orsoy wichtig für die Grafen und Herzöge von Kleve zwischen der kurkölnischen Festung Rheinberg und der Grafschaft Moers. Im letzten Krieg hat die Stadt schwere Schäden erlitten.

Baumblüte in Orsoy.

Altes Zollhaus in Orsoy.

Moers, um 900 erstmalig urkundlich erwähnt, entstand aus einer Siedlung, die sich an die von den Grafen von Moers errichtete Burg anschloß. Jahrhundertelang Verwaltungszentrum der Grafschaft, wurde Moers 1857 Kreisstadt bis zur Gebietsreform im Jahre 1975. Mit der Industrialisierung wuchs die Bedeutung der Stadt. Der Kern der alten Stadtfeste ist noch heute erkennbar in dem 3 Kilometer langen sternförmigen, baumbestandenen Wallumgang. Ein besonderer Schmuck der Stadt ist der 1830 von dem Düsseldorfer Hofgartenarchitekten Weyhe angelegte Park, der vom Moersbach in einem alten vorgeschichtlichen Deltaarm des Rheins durchflossen wird. Seltener Baumbestand, stille Weiher und gepflegte Anlagen auf einer Fläche von 28 Hektar sind eine einmalig schöne Oase der Ruhe für die Bewohner der Stadt.

Die Steiger-Insel in Moers. In diesem idyllisch gelegenen Gartenhaus hielt der weitbekannte und beliebte Buchhändler Wilhelm Steiger Konzerte, Theateraufführungen, Feste und Familientreffen ab. An dieser Stelle steht heute das 1951 gebaute Rathaus.

Moerser Stadtpark mit Schloß.

Schloß Moers mit Grafschafter Heimatmuseum.　　　　　　　　　　　　Mittelhof des Schlosses Moers.

Landschaft am Moersbach.

Schloß Bloemersheim bei Vluyn, eine Wasserburg aus dem 15. Jahrhundert, im 18. Jahrhundert umgebaut, umgeben von Parkanlagen und Niederungsteichen.

Dycker Windmühle.

Wasser- und Windmühlen am Niederrhein

Bis zur Erfindung der Dampfmaschine waren Wasser- und Windmühlen hauptsächlich die Energie erzeugenden Techniken. Sie betrieben Schmieden, Säge- und Hammerwerke, besorgten das Mahlen von Getreide, die Gewinnung von Öl aus Flachs und Raps, das Keltern von Trauben und vieles andere. Älter als die Windmühle ist die Wassermühle. Sie breitete sich seit dem 4. Jahrhundert vom nördlichen Rand der Alpen nach Norden aus, wo sie bis zum 12. Jahrhundert auch am Niederrhein in Betrieb kam. Wassermühlen werden entweder mit unter- oder oberschlächtigen Rädern angetrieben. Mühlen mit unterschlächtigen Rädern sind für Deutschland im Jahre 840 auf dem Rhein bei Straßburg und 1112 vor Mainz zum ersten Mal belegt.

Windmühlen gab und gibt es dort, wo der Wind nicht durch Höhen abgelenkt und in seiner Wirkung gehemmt werden kann, in den Ebenen also, wie in den Niederlanden, am Niederrhein, in Niedersachsen, im Münsterland, in Schleswig-Holstein, in Mecklenburg, Pommern und manchmal auch auf Hochebenen. Die Windmühle ist wahrscheinlich aus dem Orient nach Europa gekommen. Als erste Erbauer einer Windmühle in Deutschland sind urkundlich verbürgt die Mönche der Zisterzienser-Abtei Kamp. Die Urkunde stammt aus dem Jahre 1253. In ihr erlaubt der Erzbischof von Köln den Mönchen, auf dem Dachsberg bei Kamp eine Mühle oder auch mehrere Mühlen zu bauen. Das Bauen und Betreiben von Mühlen mußte vom jeweiligen Landesherrn erlaubt werden und war mit besonderen Auflagen, mit Pflichten und Rechten verbunden.

Zwei Arten von Windmühlen sind hauptsächlich betrieben worden, die Bock- oder Ständermühle aus Holz, die mit dem gesamten Mühlenkasten auf einem Bock drehbar gelagert ist, und die aus Stein gebaute Turmmühle, bei der nur die Turmhaube mit den Flügeln drehbar ist. Manche Windmühlen wurden auf den Mauern der Stadtbefestigung errichtet, die heute noch in Xanten und Kempen und auf vielen Städteansichten, auf alten Kupfer- und Stahlstichen zu sehen sind. Auch auf künstlich angeschütteten Hügeln sind sie manchmal errichtet worden.

Gegenwärtig ist am Niederrhein nur noch eine Windmühle in Betrieb, und zwar in Bocket bei Waldfeucht im Kreis Heinsberg. Doch zahlreiche Mühlen sind noch als Wahrzeichen der Landschaft und als technische Kulturdenkmäler überall am Niederrhein vorhanden.

Ein 1980 im August Steiger Verlag, Moers, erschienener Bildband *"Niederrheinische Windmühlen"* von Hans-Ulrich Kreß und Harald Wenzel (mit 150 Windmühlen) informiert über die Geschichte der Windmühlen in unserem Land.

Bockwindmühle in Walbeck.

Die abteiliche Windmühle auf dem 56 Meter hohen Dachsberg. Hier wurde von den Zisterziensermönchen der Kamper Abtei 1253 die erste Windmühle auf deutschem Boden - eine Bockwindmühle aus Holz - gebaut. Nachdem diese Mühle abgebrannt war, erhielt 1747 der Abt des Klosters, Franziskus Daniels, vom Kölner Erzbischof die Erlaubnis, eine Mühle neuer Art, eine Turmwindmühle aus Stein zu errichten. Nach ihrer Stillegung ist sie als Aussichtsturm eingerichtet worden. Jetzt ist die Mühle zerstört und die schöne Aussicht von dort über die Inselberge und in die Weite der Ebene ist nicht mehr möglich.

Windmühle auf der alten Stadtbefestigung in Xanten.

Festungs- und Mühlenturm in Geldern.

Wassermühle an der Schwalm. An der Schwalm und ihren Nebenbächen sind früher 31 Mühlen betrieben worden.

Gustorfer Wassermühle an der Erft bei Grevenbroich.

Die Bellermühle in Rheydt-Odenkirchen.

Die Böninger-Mühle in Duisburg
Die kleinen Bäche und Flüsse in Duisburg trieben früher einmal eine ganze Anzahl von Wassermühlen. Sie waren als Getreide-, Öl-, Papier-, Walk-, Loh-, Säge-, Tabak-, Schleif- und Kupfermühlen in Betrieb. Allein an der damals noch klaren und fischreichen Emscher wurden sieben Mühlen betrieben.
Eine der am Dickelsbach gelegenen Mühlen wurde 1271 von den Johannitern verkauft und hieß später "Unserer Lieben Frauen Mühle". Im 18. Jahrhundert wurde sie zu einer Tabakmühle umgebaut und von der Firma Böninger betrieben. Nach der Stillegung diente sie der alten Duisburger Familie Böninger als Sommeraufenthalt. 1910 stellte sie einige Räume Wandervogelgruppen zur Verfügung und öffnete 1912 auch den zur Mühle gehörenden Park zur allgemeinen Benutzung. 1921 wurde das Mühlengebäude von der Stadt Duisburg erworben, die hier 1926 eine Jugendherberge einrichtete. Das 700 Jahre alt gewordene Baudenkmal wurde während des letzten Krieges durch Bomben zerstört. Die Ruine wurde 1949 weggeräumt.

Die Sandmühle an der Anger bei Duisburg.

Hebeturm des Gütertrajektverkehrs zwischen Ruhrort und Homberg, erbaut 1854/56 zur Verbindung der Eisenbahnlinie über den Rhein. Die ersten Eisenbahnen wurden mit Trajektschiffen (Eisenbahnfährschiffen) über den Rhein transportiert. Die Eisenbahnwagen wurden durch eine entsprechende technische Konstruktion der Hebetürme auf die Fähre befördert. Diese Transportart über den Rhein anstelle einer Brücke war bis 1884 in Betrieb. Der Hebeturm in Homberg (Foto) dient heute einer Jugendherberge. Homberg, heute ein linksrheinischer Stadtteil von Duisburg, war jahrhundertelang mit dem Werden und Schicksal der Grafschaft Moers verbunden, erhielt 1921 Stadtrechte. Aus einem früher vorwiegend von Bauern, Fischern und Schiffern bewohnten Ort entwickelte sich nach den 1851 durch Haniel begonnenen Bohrungen mit dem Steinkohlenbergbau eine Industrie- und Handelsstadt.

Duisburg-Homberg gegenüber der Ruhrmündung.

Bauernhof in Duisburg-Baerl.

Der Werthsche Hof in Duisburg-Rheinhausen (Friemersheim), ehemaliges Jagdschloß der Grafen von Moers.

Duisburg - die Stadt an Rhein und Ruhr

In einem wichtigen Schnittpunkt europäischer Verkehrsverbindungen über Straßen-, Schienen- und Wasserwege liegt Duisburg. Es verbindet die großen Wirtschaftsräume des Ruhrreviers, des rheinischen Industriegebietes und den niederrheinisch-niederländischen Bereich mit den Seehäfen Rotterdam, Amsterdam und Antwerpen.

An Rhein und Ruhr gelegen, einst fränkischer Königshof, Handelsplatz, Hansestadt und Sitz einer Universität von 1655 - 1818 und auch heute wieder, ist Duisburg eine der bedeutendsten Industrie- und Handelsstädte des Niederrheins und Ruhrgebietes. 42 Jahre, von 1552 - 1594, lebte und wirkte hier Gerhard Mercator, der große Geograph, Kartograph und Mathematiker. 1881 wurde hier der Bergmannssohn Wilhelm Lehmbruck geboren, dessen künstlerischem Werk in dem nach ihm benannten Museum eine würdige Stätte errichtet wurde.

Der Sportpark Wedau mit seiner 2.000 Meter langen Regattabahn und dem Stadion hat internationalen Ruf. Die Sechs-Seen-Platte im Süden der Stadt und der stadteigene Wald (900 Hektar) sowie der Zoo auf dem Kaiserberg sind Refugien der Naherholung für die Bürger Duisburgs wie auch für Tausende von Menschen der benachbarten Städte und Orte des Niederrheins und des Ruhrgebietes.

Die Schifferbörse in Duisburg-Ruhrort war ein Wahrzeichen der alten Schifferstadt. Im Stil eines niederdeutschen Fachwerkhauses 1901 errichtet, war sie eine architektonische Besonderheit. Sie überstand den letzten Krieg fast unbeschädigt, wurde aber nach diesem durch einen Brand zerstört. An ihrer Stelle wurde eine neue Schifferbörse erbaut. (Siehe Bild Seite 50 oben).

Im Mündungsgebiet der Ruhr in den Rhein bildet der größte Binnenhafen der Welt ein imponierendes System von Hafenbecken und Anlagen. An 50 Kilometer langen Kais und Rampen werfen die Schiffe ihre Anker, laden und löschen die verschiedenartigsten Güter. Ihrer Lagerung dienen 71.000 Quadratmeter Hafengelände, ihrer Beförderung 150 Kilometer Gleisanlagen und 25 Kilometer Hafenstraßen mit Anschluß an die Bundesbahn.

Die Schifferbörse in Duisburg-Ruhrort

Der Zollhafen in Duisburg

Getreidespeicher im Innenhafen

Stadtsilhouette am Innenhafen. Die Liebfrauenkirche (linker Turm) wurde kriegszerstört.

Hotel "Duisburger Hof" in der Stadtmitte.

Das Duisburger Stadttheater am König-Heinrich-Platz, 1912 erbaut, im letzten Krieg zum Teil zerstört und wieder aufgebaut.

Am Burgplatz in Duisburg das Mercator-Denkmal, das Rathaus, die Salvatorkirche und dahinter Turm der im letzten Krieg zerstörten Liebfrauenkirche.

Am Duisburger Burgplatz Altstadthäuser und Liebfrauenkirche, alle im letzten Krieg zerstört.

Luftaufnahme der Innenstadt von Duisburg um 1930.

Radrennbahn in Duisburg-Hamborn.

Der Bertasee in Duisburg Wedau. Nach dem Ersten Weltkrieg wurde das etwa 100 Hektar große Gelände, das von der Firma Krupp zur Gewinnung von Sand und Kies genutzt worden war, der Stadt Duisburg geschenkt. Die Stadt hat aus diesem ehemaligen Waldgebiet der Wedau (= Holzau, abgeleitet vom germ. Wort Witu = Holz, norweg. ved), in dem drei Baggerseen entstanden waren, inzwischen ein Sportzentrum geschaffen mit einer Regattabahn, mit Strandbad, Stadion, Sportheim und Parkgelände.

Haus Böckum in Duisburg-Huckingen, in einem versumpften alten Rheinarm gebaut, Wasserburg mit Steinbrücke und Barockportal, Eckturm und Schweifhaube, entstand nach dem Dreißigjährigen Krieg, gehört heute dem Grafen von Spee.

Ein Dorf, ein Marktflecken, die heutige Stadt Krefeld, erhielt 1373 unter Kaiser Karl IV. Stadtrechte. Drei Jahrhunderte lang blieb Creyfelt ein Dorf. Erst im 17. Jahrhundert, als der Landesherr Prinz Moritz von Oranien die Freiheit des Glaubens praktizierte und Krefeld zu einer religiösen Freistatt wurde, begann die Entwicklung des Dorfes zu einer Stadt. Mennoniten, ihres Glaubens wegen aus ihrer Heimat vertrieben, ließen sich in Krefeld nieder und brachten die Kunst des Seidenwebens mit. Aus diesem Handwerk entwickelte sich in kurzer Zeit die Industrie der Samt- und Seidenweberei, die zu der bedeutendsten wirtschaftlichen Grundlage der Stadt und zu ihrer Blüte führte.

Die Mennoniten-Kirch-Straße in Alt-Krefeld.

Rheinfront in Krefeld-Uerdingen.

Burg Linn (Krefeld) ist die älteste Wasserburg am linken Niederrhein. Das angeschlossene Landschaftsmuseum beherbergt eine Fülle historischer und künstlerischer Kostbarkeiten, u. a. auch die Ausgrabungsfunde der römisch-fränkischen Siedlung Gelduba. Burg Linn war ehemals eine kurkölnische Landesburg, in den Anfängen des 12. Jahrhunderts gebaut. Ihre heutige Gestalt stammt aus dem 15. und 16. Jahrhundert. 1702, während des Spanischen Erbfolgekrieges brannte sie aus und blieb über 200 Jahre liegen, bis 1926 die Stadt Krefeld die Ruine erwarb und restaurieren ließ.

Ehemaliges Franziskanerinnenkloster in Hüls. Der Ort gehört seit 1970 zur Stadt Kempen.

Im Stadtwald in Krefeld.

Kempen, eine der ältesten Städte des Niederrheins, erhielt 1294 kurkölnische Stadtrechte. Eine ringförmige Promenade als geschlossene Grünanlage auf den Gräben und Wällen der Befestigung umgibt die Stadt. Von der ehemaligen Befestigung sind noch das Kuhtor, ein Turm des Petertores und der Mühlenturm erhalten.

1379 wurde in der Stadt Thomas Hemerken, der als Thomas von Kempen bekannte Mystiker, geboren. Eine Erinnerungsstätte im Städt. Kramer-Museum pflegt das Andenken an diesen bedeutenden Sohn der Stadt, der 1471 im Alter von 91 Jahren in Zwolle/Issel starb.

Das 1749 erbaute Rathaus (Foto) ist 1944 ausgebombt worden. An dieser Stelle wurde das heutige Rathaus errichtet. Das markanteste profane Bauwerk der Stadt, die mit drei wuchtigen Rundtürmen ausgestattete Burg, wurde um 1400 erbaut.

Haus Neersdonk bei Vorst, eine Wasserburg aus dem 16. Jahrhundert.

Alter Bauernhof in Lobberich. Der Ort gehört heute ebenso wie Breyell, Hinsbeck, Kaldenkirchen und Leuth zur Gemeinde Nettetal.

Die Irmgardiskapelle auf dem Heiligenberg der Süchtelner Höhen
Alljährlich am 4. September wird die Heilige Irmgardis, eine Einsiedlerin aus gräflichem Geschlecht, in der ihr geweihten Kapelle auf dem Heiligenberg durch Prozessionen verehrt. Irmgardis, Tochter des Grafen Godizo, gründete 1040 nach dem Tode ihres Vaters das Stift Marienfrede in Rees und vermachte ihren ganzen Besitz (Rees, Haldern, die Burg Aspel u. a.) den Kölner Erzbischöfen. Sie starb 1075 und wurde in der Agnes-Kapelle des Kölner Domes beigesetzt. Da der 4. September, der Tag der Wallfahrten, in die Zeit der Apfelernte fällt, ist die Heilige Irmgardis zur Beschützerin der Äpfel erkoren worden.
Die Linden bei der Kapelle sind 1811 bei der Geburt des "Königs von Rom", des Sohnes Napoleons I. gepflanzt worden.
Aus der Irmgardisquelle auf dem Heiligenberg soll nach der Sage der Storch die kleinen Kinder in die Wiegen der Eltern bringen.

Alter Winkel in Viersen. – Am 1. Januar 1970 wurden die Städte Viersen, Dülken, Süchteln und die Gemeinde Boisheim zur Stadt Viersen vereinigt. Das Herz dieser Stadt bilden die Süchtelner Höhen. Dülkens Narrenmühle, Sitz der Narrenakademie, rund 500 Jahre alt, beherbergt ein Museum mit "Dokumenten" hintergründigen und skurrilen Humors.

Die Niers bei Viersen.

Bruchlandschaft bei Viersen-Süchteln.

Die Niers bei Süchteln.

Eisgang auf der Niers.

Das Herz von Mönchengladbach: der Abteiberg mit Münsterkirche, alter Abtei und Kirche Maria Himmelfahrt.

Auf der Kuppe des Hügels am Gladbach gründete um 800 der karolingische Graf Balderich Pfarre und erste Kirche. Benediktinermönche bauten dort später eine Vitusabtei, der sich eine im 11. - 13. Jahrhundert errichtete, dem Heiligen Vitus geweihte Kirche anschloß. Um diesen Kern wuchs der Ort und entwickelte sich zur Großstadt auf der wirtschaftlichen Grundlage der Textilindustrie. Seit 1975 ist Mönchengladbach mit dem benachbarten Rheydt zu einer Stadt zusammengeschlossen.

Luftaufnahme von Mönchengladbach. Im Vordergrund das Rathaus (ehemalige Abtei) mit Münster, dahinter die Hauptpfarrkirche.

Merreter Hof in Mönchengladbach-Rheindahlen.

Bauernhof in Mönchengladbach-Neuwerk.

Schloß Myllendonk zwischen Mönchengladbach und Korschenbroich, im 12. Jahrhundert in der Niersniederung als Wasserburg erbaut.

Schloß Rheydt (Foto links), ein Kleinod der Renaissance aus dem 16. Jahrhundert, gehört mit Wall- und Grabenanlagen zu den schönsten Baudenkmälern seiner Art am Niederrhein. Es beherbergt ein kunstgeschichtliches Museum mit Gegenständen der Kunst und des Kunstgewerbes der Renaissance und des Barock. In der Vorburg ist ein Heimatmuseum eingerichtet.

Die Stadthalle in Rheydt.

Luftaufnahme von Rheydt-Stadtmitte, wie sie sich anno dazumal präsentierte.

Neuss – Backsteinhaus aus dem 16. Jahrhundert.

Neuss, erstmals in einer kaiserlichen Urkunde 1190 als Stadt erwähnt, einst keltische Siedlung, Römerkastell (Novaesium) und Hansestadt entwickelte sich – an Rhein und Erft gelegen – zu einer Industrie- und Hafenstadt und ist heute Zentrum des Kreises gleichen Namens.

Der Quirinus-Dom in Neuss, ein Wahrzeichen der Stadt, wurde über einem römischen Friedhof in der ersten Hälfte des 13. Jahrhunderts in mehreren Phasen anstelle einer Basilika aus dem 11. Jahrhundert erbaut.

Das Obertor in Neuss ist das einzige Tor, das von der alten Stadtbefestigung erhalten geblieben ist. Zur Zeit der Herrschaft des Kölner Erzbischofs Konrad von Hochstaden in der Mitte des 13. Jahrhunderts erbaut, hielt es dem Ansturm der Heere des Herzogs von Burgund stand, als er 1474/75 elf Monate lang die Stadt belagerte.
Im Obertor ist heute das Clemens-Sels-Museum mit Sammlungen aus der Geschichte der Stadt und einer Abteilung neuer Kunst etabliert.

Zons, Westmauer mit Wallgraben
Die mittelalterliche Feste ist das Beispiel der besterhaltenen Befestigung in den Rheinlanden, ein rheinisches Rothenburg voll von malerischen Motiven. Der Bau der Stadt und Festung auf vor- und frühgeschichtlichem Siedlungsboden wurde 1373 begonnen und schon 1388 vollendet. Zollstätte und Festungsstadt zugleich, bot Zons die vollkommenste Vollendung einer niederrheinischen Wasserburg. Über Kriege und Brandkatastrophen hinweg blieb sie mit ihren Mauern, Türmen und ihrem Schloß Friedestrom erhalten als ein Baudenkmal der Festungskunst seiner Zeit.

Schloß Hülchrath bei Wevelinghoven/Erft, aus einer Motte entstanden, wurde Anfang des 12. Jahrhunderts zu einem mächtigen Kastell ausgebaut, war eine der stärksten kurkölnischen Landesburgen.

Erftlandschaft bei Grevenbroich. Der Lauf der Erft ist oft begradigt und im Revier des Braunkohlenabbaues auch umgeleitet worden.

Das Rathaus in Erkelenz ist 1541–46 erbaut worden. 1326 erhielt der Marktort durch den Grafen Reinold von Geldern Stadtrechte. Im letzten Krieg wurde die Stadt fast vollständig zerstört. Erhalten geblieben sind an alten historischen Bauten der Turm der St. Lambertikirche, die geldrische Burg und das spätgotische Rathaus.

Foto links: Kirche und Abtei in Grevenbroich. Das ehemalige Zisterzienserkloster, das heutige Bernardusheim, ist während des letzten Krieges total zerstört worden. Nur der alte Klosterturm, ein Wahrzeichen der Stadt, blieb erhalten. Auch die große Kirche, der „Grevenbroicher Dom" wurde erheblich beschädigt. Bernardusheim und Kirche wurden wieder aufgebaut.

Die Körrenziger Linde am Übergang der Erkelenzer in die Jülicher Börde steht dort, wo sich die alten Feldwege Lövenich-Körrenzig und Kofferen-Baal kreuzen. Ursprünglich hat die Linde wahrscheinlich mit dem Buchholzbusch (um die Mitte des vorigen Jahrhunderts gerodet) in Verbindung gestanden. Das Alter des Baumes wird auf 500 Jahre geschätzt. Heute besteht er nur noch aus einer der auf dem Foto zu sehenden Baumhälften mit einem spärlichen Stockausschlag im Schatten von zwei neuen Linden und in Gemeinschaft mit einem Feldkreuz, das 1775 ursprünglich ihr gegenüber an einer Wegkreuzung errichtet worden war.

Forsthaus Ritzrode im Meinwegwald an der niederländischen Grenze.

Wassenberg im Kreise Heinsberg an der niederländischen Grenze mit Burg (1420), Stadtmauer mit Wehrtürmen und Stadttor (1365).

800jährige 17 Meter Hohe Eibenlaube in Orsbeck/Heinsberg, ein seltenes Naturdenkmal, ist nach dem Krieg beseitigt worden.

Kirche und Burgweiher in Brüggen.

Alter Winkel in Wickrath, heute ein Stadtteil von Mönchengladbach.

Wegkreuz und Windmühle im Kreis Heinsberg.

Wahrzeichen Düsseldorfs: Der schiefe Turm der Lambertikirche und der runde Schloßturm.

Die Stadt Düsseldorf

Aus dem Dorf an der Mündung des Düsselbachs in den Rhein wurde die Großstadt Düsseldorf, seit 1946 die Hauptstadt des Landes Nordrhein-Westfalen. 1288 von Graf Adolf V. von Berg zur Stadt, 1348 zur Residenz der Grafen und späteren Herzöge von Berg erhoben, entwickelte sich der Ort durch die Kurfürsten Johann Wilhem II. (Jan Wellem), 1679-1716, und Carl Theodor, 1742-99, zur Residenz-, Festungs- und Kunststadt. Während dieser Blütezeit wurde der später erweiterte Hofgarten angelegt, Schloß Jägerhof und Schloß Benrath gebaut, entstanden die Gemäldegalerie und die Kunstakademie. Die während der Herrschaft Napoleons 1801 geschleiften Befestigungsanlagen mit ihren Wällen und Gräben wurden in Park- und Gartenanlagen umgestaltet. Düsseldorf wahrt seinen Ruf und seine Bedeutung als Stadt der Kunst, der Mode, der Kongresse und Fachmessen, der Regierung und Verwaltung, der Parks und Grünanlagen und der Industrien mit Weltgeltung.

Schloß Wickrath, 1752 erbaut, dient heute einem Landesgestüt. Vom Hauptschloß besteht nichts mehr.

Das Ratinger Tor in Düsseldorf wurde 1811/14 von Adolf von Vagedes im klassizistischen Stil erbaut.

Wochenmarkt vor dem Rathaus mit dem Standbild Jan Wellems.

Geburtshaus des Dichters Heinrich Heine (1797-1856)
Bolkerstraße 53.

Die Prachtstraße der Stadt - die Königsallee.

Die Aula der Kunstakademie. Das Gebäude wurde 1879/81 im Stil der Renaissance errichtet. Mit dieser Ausbildungsstätte der Künstler verbinden sich Namen vieler berühmter Maler, wie Schirmer, Achenbach, Hasenclever, Mintrop, Rethel, Feuerbach, Böcklin u. a.

Der Malkasten ist eine Düsseldorfer Kunstvereinigung, die im Revolutionsjahr 1848 gegründet wurde. 1867 bezog sie dieses Haus, in dem u. a. auch der Dichterphilosoph Friedrich Heinrich Jacobi (1743-1819) gewohnt hat. Das Gebäude wurde im Zweiten Weltkrieg zerstört und wieder aufgebaut.
(Bild unten)

Schloß Jägerhof wurde im Zweiten Weltkrieg bis auf die Grundmauern zerstört und danach wieder aufgebaut. Es wurde 1763 auf Veranlassung des Kurfürsten Karl Theodor von dem Architekten Couven erbaut. An dieser Stelle hatte vordem schon ein Jagdschloß Jan Wellems gestanden.

Der Corneliusplatz in Düsseldorf.

Das Hochhaus der Vereinigten Stahlwerke.

Das Wilhelm-Marx-Haus, das erste Hochhaus Deutschlands, benannt nach einem Düsseldorfer Oberbürgermeister, erbaut 1921/24.

Die Bäckergasse in der Altstadt (s. auch Altstadt S. 15).

Foto links unten:
Hochwasserschlange am Rhein, früher wie auch heute noch, nach einem Entwurf von Prof. Richard Langer 1928/29 errichtet, hergestellt aus 3 Mannesmannröhren von je 12 cm Durchmesser. Die Schlange ist insgesamt 12 m, der Kopf 2 m lang.

Rheinbrücke und Rheinhalle. Die Halle wurde 1926 zur Ausstellung der Gesolei (Gesundheitspflege, soziale Fürsorge und Leibesübung) erbaut.

Die Ruine der Kaiserpfalz und der Suitbertusdom in Düsseldorf-Kaiserwerth. - Kaiserwerth liegt auf einer ehemaligen Werth (Werd), einer Insel im Rhein, die von einem Arm des Stromes gebildet worden war, der im Gebiet des Leuchtenberger Hofes vom Haupstrom abzweigte und oberhalb von Wittlaer sich mit diesem wieder vereinigte. Im 8. Jahrhundert bauten die Franken auf der Insel einen Fronhof, der von Pippin von Herisdal dem Heiligen Suitbertus geschenkt wurde. Um das 710 errichtete Kloster zu schützen, wurde es zu einer Burg ausgebaut. Die Burg ist von den Sachsen und vermutlich auch von den Normannen belagert und zerstört worden, doch wurde sie immer wieder aufgebaut und dabei jeweils vergrößert. 1045 ließ Kaiser Heinrich II. die Burg zu einer Kaiserpfalz ausbauen. Friedrich I (1152-90), Kaiser Rotbart oder Barbarossa genannt, ließ 1180-84 die Burg neu errichten und legte die Reichszollstätte nach Kaiserwerth. In den verschiedensten territorialen Machtkämpfen der großen und kleinen Herrscher ist die Burg oft hart umkämpft worden, bis sie 1702 im Spanischen Erbfolgekrieg durch Brand und Sprengung ganz zerstört wurde. Mit den Steinen wurden die Ufer des Rheins befestigt. Die heute noch vorhandene Ruine der einst mächtigen Kaiserpfalz ist ein Mahnmal gegen den Irrwahn von Macht und Besitz.

Die Anger hat ihre Quelle im Bergischen Land und fließt in Duisburg zwischen Wanheim und Mündelheim in den Rhein. Sie war früher Grenze - auch Sprachgrenze - zwischen Mittel- und Niederfranken, später zwischen den Territorien von Jülich-Berg und Kleve-Mark. An ihren Ufern wurden zahlreiche Rittersitze, Feste Häuser und Burgen angesiedelt. 1434 ließ der Herzog von Berg die Grenzfeste Angerort errichten. Sie mußte der Industrie weichen; ein Rest, der Mittelbau, ist noch als Verwaltungsgebäude der Mannesmann-Werke erhalten. Ein großer Teil der alten Angerburgen ist heute noch vorhanden: Haus Böckum, Groß-Winkelhausen, Schloß Heltorf, Haus Bilkrath, Schloß Angermund, Haus zum Haus (Ratingen) u. a.

Mülheim an der Ruhr: das Schloßbrückenviertel mit Rathaus und Stadthalle. Mülheim, urkundlich erstmals 1093 genannt, ist stark von der die Stadt durchfließenden Ruhr geprägt worden. Viele Jahrhunderte hindurch zu der heutigen Stadt gewachsen, sind in ihr noch einige Bauwerke aus ihrer geschichtlichen Vergangenheit erhalten. Zu den ältesten baulichen Zeugen gehört Schloß Broich, 883/84 als Sperrfort von dem ostfränkischen Herzog Heinrich gegen die Überfälle der Normannen erbaut, um die Ruhr zu sichern.

Die Stadthalle an der Ruhr dient vornehmlich kulturellen Aufgaben und Zwecken.

Mülheim mit den verschiedenartigsten Gewerbebetrieben und Industrien, ist eine Stadt von hohem Wohnwert, mit vielen Grünanlagen im weiten Umfeld und mit ausgedehnten Waldungen im Tal der Ruhr und auf ihren Höhen.

Das Gerhard-Tersteegen-Haus, Teinerstraße 1 in Mülheim-Ruhr, im letzten Krieg zerstört und wieder aufgebaut. Gerhard Tersteegen, christlicher Mystiker, Prediger und Kirchenliederdichter (geb. 1697 in Moers, gest. 1769 in Mülheim) hat in diesem alten Fachwerkhaus gelebt und gewirkt. Das Haus enthält heute ein Erinnerungszimmer an Tersteegen und an Karl Arnold Kortum (geb. 1745 in Mülheim, gest. 1824 in Bochum), Arzt und Dichter des komischen Epos' "Die Jobsiade", einen Raum mit Erinnerungsstücken an die preußische Königin Luise aus der Zeit ihres Aufenthalts in Schloß Broich und an den Grafen Broich, außerdem eine Sammlung volkskundlicher Dinge.

Der Wasserbahnhof an der Ruhr in Mülheim.

Das Mülheimer Rathaus mit seinem 58 Meter hohen Turm.

Das Gebäude des Kaiser-Wilhelm-Instituts für Kohlenforschung (gegründet 1912) in Mülheim-Ruhr, Kaiser-Wilhelm-Platz 1, ist 1914 nach nur einjähriger Bauzeit in Betrieb genommen worden. Das Unternehmen besteht heute aus der 1912 gegründeten Stammeinrichtung und dem 1958 angegliederten Institut für Strahlenchemie; es ist inzwischen umbenannt worden in Max-Planck-Institut für Kohlenforschung.

Die Gaststätte "Mausefalle" in der Mülheimer Altstadt.

Blick von der Ruhrterrasse auf Stadtbad und Stadtbücherei in Mülheim.

Die Bachstraße im Stadtzentrum anno 1920.

Schloß Broich, nach dem letzten Krieg restauriert und ausgebaut.

Mülheim: Altenhof, evangel. Gemeindehaus und Turm der St. Marienkirche, 1929/30 erbaut.

Schloß Landsberg aus dem 13. Jahrhundert auf den Ruhrhöhen bei Kettwig, wurde 1903 von dem Großindustriellen August Thyssen erworben und zu einem Landsitz ausgebaut. Von der mittelalterlichen Höhenburg steht nur noch der Bergfried aus dem Jahre 1380. In einem Mausoleum des Schlosses wurde August Thyssen nach seinem Tode beigesetzt. Schloß Landsberg dient heute einem Kinderheim.

Grünanlage im Mülheimer Oppspring.

Schloß Hugenpoet (= Froschteich), eine Wasserburg im breiten Ruhrtal bei Kettwig, wurde zum ersten Male im 13. Jahrhundert genannt. 1647 durch Graf Johann von Nesselrode-Hugenpoet neu erbaut, nachdem zuvor 1633 im Dreißigjährigen Krieg hessische Soldaten die Burg verwüstet hatten. In der Burg ist heute ein Hotel eingerichtet.

Laupendahl im Ruhrland bei Kettwig.

Auf den Holthausener Höhen, Nähe Flughafen-Essen-Mülheim.

Fachwerkhaus im Ruhrbachtal in Mülheim-Holthausen.

Der Staaderhof in Mülheim-Ickten.

Das Landhaus Thyssen im Mülheimer Wald.

Das Landhaus Kirdorf (Streithof) im Mülheimer Wald.

Luftaufnahme von Hünxe.

Der Ort am Ausgang des Lippetales in die niederrheinische Tiefebene ist 1092 zum ersten Male als Schenkung an das Kloster Werden genannt worden. Die markante Kirche, eine dreischiffige Säulenbasilika, deren ältester frühgotischer Teil aus dem Jahre 1312 stammt, war ursprünglich dem Heiligen Suitbertus geweiht. In der Kirche das Epitaph des letzten Barons von Hüchtenbruch (1635-1716), im Turm Wolfsnetze, mit denen zuletzt 1795 Wölfe gefangen worden sind.

Im Hünxer Wald liegt die an Ausdehnung größte Wallburg des Niederrheins. Die Anlage ist 310 Meter lang und 260 Meter breit. Ein ovaler Ringwall umgibt zwei runde Hügel; das Ganze wird von einem hufeisenförmigen Wall umgeben. Nach den archäologischen Funden zu urteilen, handelt es sich hier um eine ehemalige Dynastenburg aus karolingischer Zeit. Die ganze Anlage, wahrscheinlich Bestandteil des ausgedehnten Systems der Landwehren, diente der Verteidigung im Krieg und war Fluchtburg für Menschen und Vieh. Sie ist noch bis ins späte Mittelalter benutzt worden.

Hof in den Lippewiesen bei Wesel.

Das spätgotische Rathaus in Wesel mit prächtigem Giebelwerk und reicher Ornamentik wurde 1455/56 am Großen Markt anstelle eines voraufgegangenen abgebrochenen Rathauses gebaut. Es war ein hervorragendes Denkmal bürgerlicher Baukunst des Mittelalters, ein Dokument der Glanzzeit Wesels als Hansestadt und Kulturzentrum. Es ist am 24. Februar 1945 zerstört worden.

Die Hauptzitadelle aus dem Jahre 1718 mit Schillkasematten.

Der Willibrodidom in Wesel wurde von 1424-70 erbaut, von 1880-97 erneuert und nach den schweren Beschädigungen im letzten Krieg aus den Trümmern wieder aufgebaut. Neben dem St. Viktordom in Xanten ist der Willibrodidom der bedeutendste Sakralbau am unteren Niederrhein.

Die St. Maria-Himmelfahrtskirche in Wesel.

Die Stadt Wesel
Von allen Kulturlandschaften Europas war nach 1945 der Niederrhein am stärksten zerstört, und kaum eine andere deutsche Stadt ist so durch Bomben und Granaten verwüstet worden wie die alte Hanse-, Hafen- und Festungsstadt Wesel an der Mündung der Lippe in den Rhein. 98 Prozent ihrer Bauten wurde am 16., 18. und 19. Februar 1945 total vernichtet; 700 Tote waren in der evakuierten Stadt zu beklagen. 2,5 Millionen Kubikmeter Trümmer mußten beseitigt werden. Das Inferno des Krieges hatten nur wenige historisch wertvolle Bauten überstanden; einige schwer beschädigt gewesene sind wieder aufgebaut; der Willibrodidom aus dem 15. Jahrhundert, das Berliner Tor von 1718/22 und Reste der Zitadelle in den Schillkasematten von 1780. Die Stadt selbst ist unter Wahrung der Eigenart niederrheinischer Architektur aus den Trümmern neu erstanden.

Das Schloß der Herzogin von Kleve in Wesel.

Wesel (Luftbild) vor dem letzten Krieg.

Schloß Diersfordt nördlich von Wesel ist im Laufe seiner Geschichte, die im 14. Jahrhundert begann, mehrmals zerstört, abgebrannt und wieder aufgebaut worden. In dem 1929 wieder errichteten Herrenhaus ist heute die Rheinpark-Klinik etabliert.

Der Marktplatz in Rees
Erste Siedler auf dem Boden der Stadt waren aus dem keltischen Stamm der Menapier. 1228 erhielt Rees durch den Kölner Erzbischof Heinrich von Molenark das Stadtrecht verliehen. Im 17. Jahrhundert galt die Stadt als eine der bedeutendsten Festungsanlagen Europas. Viele Kriegsherren haben es sich damals zur Ehre gemacht, sie einzunehmen. Am 6. Februar 1945 wurde innerhalb einer Stunde die mit dem Prädikat das "niederrheinische Schatzkästlein" ausgezeichnete Stadt bei den schweren Kämpfen um den Rheinübergang total zerstört. Von den Schönheiten der mittelalterlichen Bauten und Befestigungswerke blieben nur Trümmer, Schutt und Asche. Reste der alten Stadtmauer am Ufer des Stroms weisen noch in die Vergangenheit, auf dem wieder aufgebauten historischen Marktplatz pulst wie anno dazumal die lebendige Gegenwart. Die zweitürmige katholische Pfarrkirche Maria Himmelfahrt (1820/21), ein Meisterwerk klassizistischer Baukunst, ist nach der Zerstörung wieder aufgebaut worden. Rees ist seit 1967 durch eine Rheinbrücke mit dem linksrheinischen Raum verbunden.

Stadtmauer am Reeser Rheinufer.

Rheinansicht von Rees.

Rees – der Mühlenturm am Rhein.

Der alte Markt in Emmerich.
Emmerich, eine alte fränkische Bauernsiedlung, wurde 1237 zur Stadt erhoben. Für die ehemalige Hansestadt begann im 15. Jahrhundert unter der Herrschaft der Klever Dynastie eine Zeit der wirtschaftlichen und kulturellen Blüte. Wechselvoll war das Schicksal der Stadt und ihrer Menschen im Laufe der Jahrhunderte im Auf- und Niedergang der verschiedensten politischen und kriegerischen Ereignisse. Am 7. Oktober 1944 erlitt die Stadt im Bombenhagel die Katastrophe ihrer fast vollständigen Zerstörung. Aus dem "Embrica decora", dem schmucken Emmerich, wie die Stadt um 1600 genannt wurde, war in wenigen Stunden ein Trümmerhaufen geworden, eine Stätte des Grauens, des Todes (800 Tote) und der Trauer. Nur wenige alte historische Bauten haben den Krieg überstanden, die beim Wiederaufbau in das neue Stadtbild einbezogen wurden.
Emmerich, die letzte deutsche Stadt am Rhein, Zollhafen, Grenz-, Handels- und Industriestadt hat ihren Charakter als typisch niederrheinisch geprägter Ort behalten. Der Strom ist ihre Lebensader geblieben. Seit 1965 ist sie durch eine Brücke mit dem linken Niederrhein verbunden.

Die St. Martinikirche in Emmerich ist unmittelbar am Rhein um die Mitte des 11. Jahrhunderts erbaut worden. Sie ist durch kriegerische Ereignisse, aber auch durch Naturkatastrophen häufig beschädigt worden. So wurde 1233/37 das Langhaus von Hochwasserfluten fortgerissen. Auch den letzten Krieg hat die alte Stiftskirche nicht unbeschädigt überstanden. Ein großer Teil der alten Ausstattung ist vernichtet worden. Die Kirche ist nach dem Krieg wieder hergestellt worden.

Im Rheinpark von Emmerich.

Hochelten auf dem Eltenberg gehört mit seiner Höhe von 82 Metern zu den höchsten Erhebungen in der Landschaft des Niederrheins. Auf diesem Moränenhügel, dem Geschöpf eiszeitlicher Gletscher, gründete 963 Gaugraf Wichmann ein Stift für adelige Damen, das 1803 aufgehoben wurde. Von diesem Stift ist nur noch die Kirche vorhanden, die in den letzten Märztagen des Jahres 1945 fast völlig zerstört worden war und nach dem Krieg wieder aufgebaut worden ist. Der weithin sichtbare romanische Turm stammt noch von der ersten 1129 errichteten Stiftskirche. Der Eltenberg bietet einen weiten Blick in die niederrheinische Ebene. Hugo Otto (s. Seite 34) schrieb dazu in seinem "Niederrheinischen Wanderbuch" anno dazumal 1923: "Schon von Kleve aus beherrscht der 82 Meter hohe Eltenberg mit seiner Hügelkette die Landschaft. Er ist der südwestliche Ausläufer eines bewaldeten Höhenzuges, der eine Stunde weit aus dem holländischen Gelderland kommt. Mit dem Kleverberg bildet er die beiden Pfeiler des großen Landschaftstores, durch das der Niederrhein gen Holland strömt. Auf der Höhe des Eltenberges hat man einen herrlichen Rundblick, vielleicht den schönsten am unteren Niederrhein. Durch die Landschaft wälzt in behäbiger Breite der Strom seine Fluten. In der Ferne haften die Blicke an den Höhen des Reichswaldes von Kranenburg über Kleve bis Moyland und Kalkar, am Fürstenberg bei Xanten, an den niederländischen Hügeln Montferland und Hulzenberg und an dem Höhengelände um Doesburch und Arnheim. Die Türme der genannten und zahlreicher anderer Städte und Orte bieten Ruhepunkte in dem weitgedehnten Flachland, in dem eine gesegnete Landwirtschaft Ackerbau und Viehzucht treibt."

In der Niederrheinischen Landschaft hat sich, seit Hugo Otto 1923 dieses schrieb, manches, sogar vieles verändert, auch auf dem Eltenberg. Geblieben aber ist der beschriebene weite Rundblick über eine Landschaft, die heute noch wie damals den Freund des Niederrheins froh und freudig stimmt.

In der Nachbarschaft der Kirche befindet sich der 75 Meter tiefe Drususbrunnen. Sein Wasserspiegel liegt 21,55 Meter über dem Meeresspiegel, die Wassertiefe beträgt 0,50 Meter. Bis 1936 versorgte der Brunnen die Bewohner des Eltenberges mit Wasser. Historiker bezweifeln, daß der Brunnen römischen Ursprungs ist, wie es die Inschrift in lateinischer Sprache behauptet: "Brunnen des römischen Feldherrn Drusus im Jahre 12 v. Chr. erbaut."

Niederrheinisches Ehepaar anno dazumal.

Verzeichnis der Orte

Aldekerk 10
Alpen 33
Baerl (Duisburg) 49
Brüggen 75
Duisburg 7,10,12,22,46,47,48,49,50,51,52,53,54,55,56
Düsseldorf 12,14,15,16,77,78,79,80,81,82,83,84
Dyck 41
Elten (Eltenberg, Hochelten) 6,110
Emmerich 108,109
Erkelenz 73
Geldern (Gelderland) 9,20,25,43
Goch 20
Grevenbroich 44,72
Heinsberg 75
Homberg (Duisburg) 48
Kalkar 22,23
Kamp 29,31,42
Kapellen 28
Kempen 60
Kettwig 92,93
Kleve 17,18
Kranenburg 19
Krefeld 11,57,58,59
Lobberich 61
Marienbaum 21,24
Materborn 19
Moers 27,38,39
Mönchengladbach 45,65,66,67,68,69
Mülheim/Ruhr 86,87,89,90,91,92,93,94,95,96,97
Neuss 70,71
Orsoy 36,37
Rees 8,104,105,106,107
Repelen 34
Rheinberg 30
Rheinhausen (Duisburg) 10,49
Rheydt (Mönchengladbach) 45,68,69
Rheurdt 9,36
Sevelen 10
Sonsbeck 24,29
Süchteln (Viersen) 62,64
Tönisberg 35
Viersen 62,63,64
Vluyn 40
Vorst 61
Wachtendonk 32
Walbeck 42
Wassenberg 74
Weeze 25
Wesel 99,100,101,102,103
Wevelinghoven 72
Wickrath 76
Willich 16
Xanten 26,27,43
Zons 71